Meyer • Lehmann • Schulze

Die wilden Zwerge

Der Sturm

Bilder von Susanne Göhlich

Klett
Kinderbuch

„Ich will aber bei dir bleiben!", jammert Mara. Sie ist mit ihrem Papa auf dem Weg zum Kindergarten, obwohl es Freitagabend ist. Ein besonderer Freitagabend! Heute schlafen alle Kinder aus der Zwergengruppe im Kindergarten. Zum Abschied. Denn nach den Sommerferien kommen die Großen in die Schule.

„Du hast dich doch so auf die Übernachtung gefreut", tröstet Maras Papa.
„Aber jetzt nicht mehr, jetzt will ich bei dir bleiben."
Mara weint fast. Morgen holt ihre Mama sie ab, und dann dauert es bis nächsten Freitag, bis sie wieder bei Papa ist.
Und weil sie so getrödelt hat, sind sie jetzt viel zu spät.
„Viel Spaß, mein Mädchen, es wird sicher schön. Ich ruf dich morgen an", sagt ihr Papa beim Abschied und lächelt und winkt. Mara sieht aber, dass er auch traurig ist. Sie kennt doch ihren Papa.

Das Zwergenzimmer sieht heute ganz anders aus. Überall liegen
Matratzen. Richard und Alex hopsen darauf herum. Schlafsäcke
und Taschen liegen im Weg.
„Runter von den Betten!", ruft Frau Koslowski. „Mara ist jetzt
auch endlich da, nun verteilen wir erst mal die Schlafplätze.
Jeder sucht sich eine Matratze und packt
seine Sachen aus."

Anton und Selin schlafen nebeneinander, das ist klar. Richard und Alex schlafen *nicht* nebeneinander, das ist auch klar. Sie dürfen nicht. „Sonst tun wir alle kein Auge zu diese Nacht", sagt Frau Koslowski. „Tun wir sowieso nicht. Heute Nacht kracht's!", ruft Richard. Elena guckt erschrocken. „Ich pass auf dich auf", sagt Richard.

„Habt ihr auch alle euer Kuscheltier?",
fragt Frau Köhler, als die Betten fertig sind.
Die Kinder zeigen ihre Schlaftiere.
Selin hat ihr Krokodil Timsi dabei.
Es ist schon ganz platt gelegen
und gar nicht gefährlich.

Anton kann ohne seine Maus nirgendwo
schlafen. Die Maus ist gestreift. Früher war sie
mal gepunktet, aber jetzt ist neuer Stoff drauf.

Sara hat ihre Puppe Mina dabei. „Die kann
zu Hause ohne mich nicht schlafen."

Richard braucht kein Kuscheltier. „Das ist doch
baby!", sagt er. „Heute Nacht kracht's sowieso, da
schlafen wir alle nicht, auch nicht die Kuscheltiere."
„Richard, du hörst jetzt mal mit dem albernen
Gerede auf", sagt Frau Koslowski.
„Wenn du kein Kuscheltier brauchst, ist es ja gut.
Und du, Elena?"
Elena hat einen Superman, der niemals schläft und
sie immer bewacht.

Alex steckt zum Einschlafen immer seine
Hand ins Maul vom Krümelmonster.

Karolin hat den süßen Eisbär Knut,
der sofort mit Konstantins kleiner Katze

Tinka spielen will. Aber die mag nicht. Sie ist schon
sehr alt. Von Konstantins Oma, als die so alt war wie er.

Johannes hat den Bären Brumm-Brumm.
Der wurde schon oft operiert, das sieht man.

Adrian hat den Schlenkerhasen Hasi, der ganz schön
dreckig ist und bald ein Ohr verliert. „Der ist schon
dreimal verloren gegangen und immer
wiedergekommen."

„Mara, was ist denn los?", fragt Frau Köhler.
„Mein Schussel ist noch beim Papa", sagt Mara mit dünner Stimme,
und dann weint sie ganz laut. Frau Köhler nimmt sie in den Arm.
„Was ist denn dein Schussel für ein Tier?"
„Elefant", sagt Mara und schnieft.
„Dann nimm doch unseren Tröti", sagt Selin und schwenkt
den Elefanten der Zwergengruppe. Gute Idee! Mara nimmt ihn
gleich auf den Schoß und will es versuchen.

Aber noch ist keine Schlafenszeit. Sie machen
eine kleine Wanderung zum Waldspielplatz.
Frau Köhler hat einen Picknickkorb dabei,
denn dort wollen sie abendessen. Ein schönes
Sommerabendpicknick am Waldrand.
Alle helfen tragen.
„Hoffentlich hält das Wetter", sagt
Frau Koslowski und guckt in den Himmel.
Am Waldrand rauschen die Bäume.

„Tobt schön, dann könnt ihr gleich gut schlafen", sagt Frau Köhler.
Während alle sich um die Seilbahn scharen, packt sie schon mal
das Picknick aus. Es gibt kleine Würstchen, kleine runde Käse,
saure Gürkchen, Apfel- und Möhrenschnitze und Brötchen, dazu
Apfelsaftschorle. Als alles auf der Decke ausgebreitet ist, ruft
sie die Kinder zum Essen. Den Abendspruch für heute haben sie
sich auf dem Weg zusammen ausgedacht:

„Wir danken für das leckere Essen,
der Schöpfer hat uns nicht vergessen.
Und ist das Bäuchlein voll,
dann schlafen wir ganz toll."

„Draußen essen ist toll", sagt Alex und nimmt sich gleich zwei
Würstchen. Und noch eins. „Im Bett essen ist auch toll", flüstert
Richard ihm zu. „Mitternachtsparty!" Die beiden stopfen sich
nicht nur die Backen, sondern auch die Hosentaschen voll.
Von ferne hört man es donnern. Alle heben die Köpfe.
„Seid ihr satt?", fragt Frau Koslowski. „Dann helft mal mit einpacken,
wir gehen besser schnell zurück."

Auf dem Weg zurück in den
Kindergarten erzählen sich die
Zwerge von den schlimmsten
Unwettern der Welt. Richard
hat schon mal Hagelkörner gesehen,
die so groß waren wie Fußbälle.

Selin hat in der Türkei schon mal
einen richtigen Tornado erlebt.
Eigentlich nicht sie selber,
aber ihr Onkel Kemal.

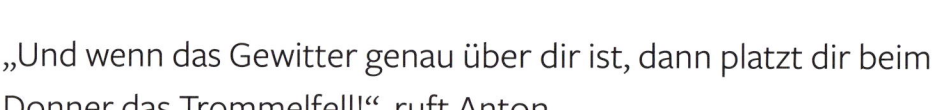

„Und wenn das Gewitter genau über dir ist, dann platzt dir beim
Donner das Trommelfell!", ruft Anton.

„Was ist denn das Trommelfell?",
will Johannes wissen.
Frau Koslowski fängt an zu erklären,
aber plötzlich weint Elena und
will jetzt lieber zu Hause schlafen als
im Kindergarten. Alle beruhigen sie.

„Ich finde Gewitter gemütlich", sagt Mara. „Dann setze ich mich mit meiner Mama vor die Balkontür und wir kuscheln uns in die Bettdecken und gucken zu. Und wenn es nicht aufhört, darf ich bei Mama und Papa im Bett schlafen – also, bei Mama. Und wenn ich bei Papa bin, dann macht er mir einen Gewitter-Kakao. Das ist so gemütlich!"

Sie schaffen es gerade noch rechtzeitig. Als sie sich in den Kindergarteneingang drängen, fallen die ersten dicken Tropfen. Es riecht nach Staub und Straße.

„Mein Lieblingsgeruch! Ich bleib draußen!", ruft Selin und tanzt im Regen, bis Frau Köhler sie hereinruft.

Plötzlich weht ein starker Wind. Die Bäume rings um den Kindergarten biegen sich. Und der Himmel wird dunkler und dunkler.

„Kann der Blitz hier einschlagen?", fragt Johannes.
„Nein", sagt Frau Koslowski. „Wir haben einen Blitzableiter. Jedes Haus hat einen. Wir sind ganz sicher." Sie erklärt, wie der Blitzableiter funktioniert. „Der leitet den Blitzstrom direkt in die Erde." Das weiß sie alles von Sven, ihrem Mann, denn der ist nicht nur Bademeister, sondern auch bei der freiwilligen Feuerwehr.

Vom Küchenfenster aus kann man den Blitzableiter sogar sehen. Dieser dünne Draht rettet das ganze große Haus?
„Kleine Dinge können manchmal viel bewirken", sagt Frau Koslowski.
„Da ist der liebe kleine Blitzableiter und beschützt uns", sagt Anton zufrieden.

„Wir machen uns jetzt schlaffertig. Ab mit euch in den Waschraum! Schlafanzug anziehen! Wenn alle im Bett sind, gibt's noch eine schöne Geschichte!", ruft Frau Köhler.

Aber als sie aus dem Waschraum kommen, will keiner sich hinlegen.
Draußen ist es jetzt so dunkel, als wäre es tiefste Nacht. Blitze
zucken, und der Donner knallt gleich danach so laut wie eine
Kanone. Alle rennen zum Fenster und sehen dem Gewitter zu.
Plötzlich flackert die Deckenlampe und geht aus. Elena schreit.

„Jetzt kracht hier alles zusammen!", ruft Richard begeistert.
Tatsächlich kommt ein riesiger Krach-Donnerschlag. Alle zucken
zusammen, und es ist nicht mehr nur Elena, die weint. Alle haben
Angst, auch Frau Koslowski und Frau Köhler. Jedenfalls ein
bisschen, aber nur ganz kurz.

Als sie sich trauen genau hinzuschauen, sehen sie es: „Der Baum ist umgefallen!" „Der brennt!" „Der arme Baum!", rufen alle durcheinander. Frau Köhler hält drei Kinder auf einmal im Arm. Frau Koslowski tippt auf ihrem Handy. „Ich rufe Sven an", sagt sie. „Der Baum liegt mitten auf der Straße, da muss die Feuerwehr kommen."

„Geil, die Feuerwehr!", ruft Richard. Am liebsten würde er sofort rausrennen. Er schwenkt seine Taschenlampe herum, aber keiner achtet auf ihn.

Schon nach drei Minuten hören sie die Sirenen, kurz darauf
biegt der große Einsatzwagen in die Einfahrt. Männer in dicken
Schutzanzügen und mit Helmen springen heraus. Zuerst löschen
sie den Stamm mit Schaum, obwohl das Feuer schon von selber
ausgegangen ist. Danach heben sie ihn mit einem Kran von der
Straße und lassen ihn im Kindergarten-Garten niedersinken.
Alles zuckt im Blaulicht.
Auf einmal – *ding-dong* – klingelt es im Kindergarten.

Vor der Tür steht Sven, Frau Koslowskis Mann. Die Kinder hatten ihn draußen bei der Arbeit gar nicht erkannt. Nun hat er den Helm abgenommen und lacht. Er sieht toll aus mit den hellen Leuchtstreifen auf der Jacke.

„Na, ihr Rattenbande? Jetzt habt ihr erlebt, wie der Blitz einschlägt. Aber ihr hattet keine Angst, oder?"

„Doch!", rufen alle.

Frau Koslowski gibt ihm einen Kuss. „Wie wär's mit einem Kakao?" Sven schüttelt den Kopf. „Wir müssen weiter. Überall sind die Keller vollgelaufen. Aber wenn ihr mich morgen zum Frühstück einladet, dann erkläre ich euch, was ihr bei Gewitter tun müsst, und dann braucht ihr nie mehr Angst zu haben."

Er winkt allen zu und steigt wieder ins Feuerwehrauto.

Zum Gruß für die Kinder macht er noch mal kurz die Sirene an.

Tatü tata! Dann sind sie weg.

Zum Glück ist das Licht wieder angegangen.

„Na, Mara, und was machen wir jetzt?", fragt Frau Köhler.

„Gewitter-Kakao!", ruft Mara.

Sie dürfen ihn sogar im Bett trinken.

Es wird wirklich sehr gemütlich mit dem warmen Kakao

und einer schönen Geschichte zum Einschlafen.

Und sie müssen nicht noch mal zum Zähneputzen gehen.

Ausnahmsweise.

Draußen rauscht leise der Sommerregen.

Bald schlafen alle tief. Auch die Erzieherinnen.

Und auch die Kuscheltiere.

Am nächsten Morgen sind die Kinder früh wach und decken den
Frühstückstisch.
Nach und nach kommen die Eltern mit Brötchen, Butter,
Marmelade, Käse und Nutella. Die Zwerge haben viel zu erzählen.
„Der Baum wäre fast auf uns draufgekracht!", sagt Selin.
Ihre dunklen Augen glitzern.
„Der Blitz wäre fast in den ganzen Kindergarten eingeschlagen,
und wir wären alle verbrannt!", ruft Richard.

„Aber unser lieber kleiner Blitzableiter hat uns beschützt",
sagt Anton. „Und unser lieber großer Sven", flüstert Elena.
Die Eltern machen erschrockene Gesichter.
„Ist denn das Gebäude gesichert?", fragt Johannes' Vater.
Da kommt Sven zur Tür herein. „Guten Morgen! Alles okay
hier mit dem Brandschutz." Er verteilt verkokelte Baumstückchen
von dem Blitzbaum an die Kinder. „Als Andenken an diese
aufregende Nacht. Die bringen Glück, hebt sie gut auf."

Beim Frühstück erklärt Sven, was man tun muss, wenn man in ein Gewitter kommt. Zum Beispiel, dass man nicht unter einem einzelnen Baum Schutz suchen soll. Und dass man sich nicht hinlegen soll, wenn das Gewitter direkt über einem ist, sondern hocken. Einiges davon haben die Erwachsenen auch noch nicht so genau gewusst.

„Und meine Mama lernt das jetzt nicht!", jammert Anton. „Wo bleibt sie denn?"

In diesem Moment kommt Antons Mama zur Tür herein. Sie sieht furchtbar müde aus. „Viel zu früh", murmelt sie. „Wenn man endlich mal tanzen gehen kann ... Wo gibt's Kaffee?"

Hinter ihr steht noch jemand in der Tür: Maras Papa, obwohl
heute gar nicht Papa-Samstag ist. „Da hat dich jemand schrecklich
vermisst, mein Mädchen", sagt er und schlenkert mit einem
abgegriffenen Plüschelefanten. Maras Mama guckt ein bisschen
streng. Aber Mara nicht. Sie springt auf.
„Schussel, mein Schusselino!", ruft sie und umarmt alle beide
ganz fest.

„Mama", sagt Anton, als er mittags zu Hause auf dem Klo sitzt,
„wir brauchen wirklich unbedingt ganz dringend ein Auto."

„Finde ich nicht. Wir kommen doch prima mit dem Fahrrad klar, wir beide."

„Aber das Fahrrad ist ganz gefährlich beim Gewitter. Und das Auto ist
total sicher, ein Paradies-Käfig, hat der Herr Biedermann gesagt."

„Paradies-Käfig, was soll das denn sein?"

„Der macht, dass der Blitz ums Auto herumsaust und nicht reingeht."

„Ah, ein faradayscher Käfig. Tja, aber nur wegen Gewitter ein Auto
anschaffen – nö! Ich versprech dir, ich passe auf. Bei Gewitter fahren wir
einfach nicht Fahrrad."

„Und wir müssen eine Kuhle suchen und nicht gehen, aber hüpfen,
mit Beine zusammen."

„Echt? Das wusste ich nicht. Warum denn?"

„Damit der Blitz nicht den Platz zwischen den Schritten nimmt. Und auch nicht
unter einen einzelnen Baum stellen. Und ganz schnell aus dem Wasser raus,
und nicht hinlegen, aber hocken, und nicht unter einen Baum stellen. Ach nee,
das hatte ich schon."

„Anton, das klingt alles ganz schön kompliziert. Am sichersten ist es da,
wo wir leben. Mitten in der Stadt. Da schlägt der Blitz nur ganz selten ein.
Und wenn ein Gewitter kommt, gehen wir sowieso einfach ins Haus."

„Ja, da beschützt uns der liebe kleine Blitzableiter."

„Du bist auch so ein lieber kleiner Blitzableiter. Bist du bald fertig?
Dann kannst du ein lieber kleiner Nudelblitz sein, jetzt gibt's nämlich Nudeln!"

Mehr von den Wilden Zwergen

Der Neue
ISBN 978-3-95470-002-8

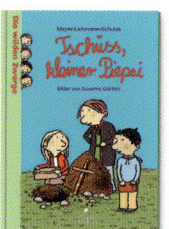

Tschüss, kleiner Piepsi
ISBN 978-3-941411-03-6

Der Kochtag
ISBN 978-3-941411-04-3

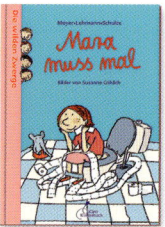

Mara muss mal
ISBN 978-3-95470-005-9

Das Weihnachtssingen
ISBN 978-3-95470-011-0

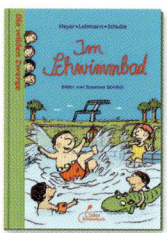

Im Schwimmbad
ISBN 978-3-95470-022-6

Der Unfall
ISBN 978-3-95470-028-8

Die Hochzeit
ISBN 978-3-95470-055-4

„Die wilden Zwerge werden bei uns zu Hause heiß geliebt.
Immer, wenn ich in Deutschland bin, wundere ich mich,
dass die in den Buchhandlungen nicht überall im Stapel liegen!"

„Grüffelo"-Illustrator Axel Scheffler

3. Auflage 2020
© 2014 Klett Kinderbuch, Leipzig
Alle Rechte vorbehalten
Illustrationen und Umschlaggestaltung: Susanne Göhlich
Umschlaglayout der Reihe: Hildegard Müller
Layout: atelier eilenberger, Taucha
Satz: Tropen Studios, Leipzig
Druck und Bindung: Livonia Print, Riga
Printed in Latvia
ISBN 978-3-95470-094-3

www.klett-kinderbuch.de